Gisela Dreher-Richels
Augenzeugen

Gisela Dreher-Richels

Augenzeugen

edition lichtblick, oldenburg

Prolog

Wenn Du
kommen wirst
hat
    Suchen ein Ende
    Sehnen wird
    Erkennen

TAG AUS NACHT

Abend
als ein Tagen begann

Die Nacht
die uns zubrachte
was unser Leben wandte

vor
diesem Abend
kein Tag
vor
dieser Nacht
kein Morgen

und
was wir erlebten
erlöste
von   Erstorbensein
unserer Jahre
von   Angst
vor zukünftigem Sterbenmüssen

Bereit
zu Leben

befreit von viel Tod
ungelebter Tage
nun
ein erster Tag
der nach

gewecktem Leben
zählt

Leben
angesichts einer Geburt
die von Sterben befreit

Abend
als das Licht aufging
über dem Dunkel

die Nacht
als die Quelle des Lichts
geboren wurde

seither
gelten die Tage
neuer Zeit

Unsere Tode
fallen von uns

tropfen
in einen Kelch

werden eingelöst
in Schmerzen
die ein Kreuz
gespannt
zwischen Himmel und Erde
austrägt

ZEUGEN

Wir haben einige
Deiner Schritte
begleitet

Spät
erkennen wir

wir waren gewählt

ergriffen aber
diesen Augenblick

    Ewigkeit
    im Rund
    eines Heute

Du setzt Zeit
außer Kraft

Du bringst die Zeit
in das Leben

Nun
haben wir
erkannt

Jahrhunderte
Dir voraus zeugten
Strahlen aufgehenden Lichts

Bestimmt hattest Du
uns
fortzeugend Strahlen
zu werden

Als wir begannen
aus Dir zu sprechen

trug unser Mund
Dein Siegel

Zeugen
waren wir
Dir

ZEIT IN DER ZEIT

Damals
ein Blühen
zur Unzeit

reine Überwältgung
war in allem wie Echo

Erwartung
lief uns voraus
setzte uns auf den Weg
weckte uns vor der Zeit

Damals
Stunde der Ankunft
war
Frucht
vorzeitgen Blühens

Deshalb
haben so Wenge erkannt

Auch unser
kurzer Weg mit Ihm
war eingemündet
in das Ihn verlassen

Er
reifte dem Tode entgegen
der Erde ließ Er sich
    Samenkorn

Uns überließ Er
    das Wort zu säen

Aufblühen zu wiederholen
zur Zeit

ABENDMAHL

Als wir Deinen Leib gegessen hatten
war unser Hunger erwacht nach Dir
Als wir Deinen Geist tranken
wurden wir Durst

Wir hatten dich begleitet
hatten Dich erlebt

wir erwachten

als Du
in uns
geboren wurdest
und warst
durch den Tod gegangen

noch erschrocken
vermeintlich getrennt von Dir
durch Dein Sterben
spürten wir doch
Dich
in uns wachsen

Nun erfüllst Du uns ganz

der einst außer uns
jetzt unsere
        Mitte
        bist

Wir leben
weil Du in uns
lebendig bist

ist kein Leben
wenn Du in uns erstirbst

Du wardst   in uns
   geboren
   leidest   in uns
   stehst auf in uns

Du begannst unser Leben

MUTTER CHRISTUS

Unser   aller
       Mutter
am Kreuz
mit geöffneter Brust

die ihr Blut
für uns vergießt

das Blut
das am Holz verrinnt
tränkt uns weiter

Still uns
nicht
unsern Durst nach Dir

       In Deinen Schmerzen
       sind wir erschaffen

       alle
       gebierst Du
       die Dir Kinder werden

       Dein Sterben erst
       bracht uns
       ans Licht

Wir aber sterben
uns
immer neu
Dir
geboren zu werden
Unauflösbar
wird das Band
dieser Geburten

Wir
anderer Bande
    ledig
bleiben Deiner
bedürftig

Du
die wir Dich immer schon
in uns
trugen

trag
uns
weiter
Deine Kinder
Dir
zu erwachsen
stärk
Dich
in uns

„Dornenkrone", Fensterwand in der Aussegnungshalle Weilheim-Teck, Gisela Dreher-Richels, Text siehe S. 40

HEIMSUCHUNG

     Verraten
haben wir Dich
Dich
     verleugnet
     verlassen
     nicht erkannt

     verschlafen
     gezweifelt
     gezögert
     gehadert

und mehr
haben wir
Dir angetan

Was   die Mutter
     die Frauen
gekonnt
Dich begleiten
Dich aufsuchen
im Sterben

wir konntens nicht

der Jüngste nur
blieb
wurde der Sohn
Deiner Mutter

Sie
die wir liebten
weil sie
uns
ähnlich war

zu Dir gehörte
und
zu uns

Weil sie
uns
verstand

in Dich
einwilligte

Weil ihre Liebe
Unerklärliches tat

wir
    sprachen
    handelten
    dachten
und sie
    vermochte

Doch wir
    flohen
    flohen noch
voraus
unserer Schwäche

verbargen
unsere Angst
um uns

      verließen
Dich noch
ein letztes Mal

Mit Dir gehen
hatten wir wohl gekonnt
aber nicht
allein gehen
oder nur
bleiben

Ach
nur für Augenblicke
war es uns möglich gewesen
Dich wahrzunehmen

Nun
war unser Aug verdunkelt
erblindet in Angst
erkannten wir
Dich
auf uns zugehen
      Du selbst
      suchtest uns
      wiederum

PFINGSTEN

      GEIST

weht in allen Wesen

Nicht ist es still geworden seither als
      ER
uns mit großer Gewalt ergriff
wir
      EINS wurden
mit   IHM
      in uns

Seither ist
      ER
gewärtig der Seelen Mut
zu sich
      SELBST

Da weht
      ER

Will sie
      EINS werden
lassen mit
      SICH

Immer ist wehender
      GEIST

Was wir mitnander erfuhren
geschieht
und
geschieht

UNBEHAUST

Heimat
hatten wir nie mehr

Du
warst sie geworden
das fühlten wir bald

nie mehr
hatten wir natürlichen Ort

aus unserem Kreis gelöst
waren wir Fremdling geworden unsrem zu Hause

Alles frei gegeben was unser eigen gewesen
wurden wir freier

  Hatten Besitz
  das schützende Haus verlassen
für Dich
„der nicht hatte
sein Haupt zu legen"

Aber Du
warst immer mit uns
warst mehr
als wir je hatten

  warst das Zelt
  uns
  Entblößten

Doch ohne Dich
verlassen
wie wir uns wähnten

fühlten uns in Verbannung
Exil überall
wohin wir uns wendeten

Bis wir in diesem Fehlen
Absicht
dann
Deine Liebe erspürten

Hatten wir doch
als Deine Stellvertretung
    diese Sicherheit
    unsres Heimwehs
    als Schutz

Blieben nie lange
brachen wiederum auf
unterwegs waren wir
seit Du uns holtest
aus dem Gefängnis des Alten
in die Freiheit erlöst

Ihr standhalten
müssen wir jetzt
allein

Nie wieder
hatten wir Heimat gefunden

Doch
seit wir wissen
wir müssen sie
      nicht besitzen
spüren wir sie
      im Suchen
am deutlichsten

  dankbar
  dass wir
  so sehr
  gefunden haben

FELD UND MEER

Ach
das war das Feld nicht
das wir
Landleute
kannten

Meer nicht
das wir
Fischer
misstrauisch liebten

Damals
da wir mit Ihm zogen
waren sie aufgehoben
außer
ihrer Begrenzung

war Er fort
wars wie früher
und
nicht
etwas
war uns geblieben

vor unseren Augen
Feld und Meer
die sie gewohnt von Kind an waren
und unser Tun war bisher täglich
in ihnen geblieben
die wir umgingen

        beschäftigt gewesen mit ihnen
        nahmen sie   Wesen
                    Gestalt an
        bewegten sich auf Ihn zu
        war ein Anbranden an Ihn
        wie Kinderschar
        die sich der Hand einschmiegen macht

        Das aber
        haben wir mitnander
        erst spät gesprochen
        als durch Sein Sterben
        wir eine Zeit allein waren
        die Welt uns wieder
        eingeschränkt in altes Gesetz erschien

        In seiner Gegenwart
        da unsre Augen
        sich auf Ihn hefteten
        nahmen wirs im Vorübergehen

        Später
        erkannten wir mehr

        da kam es uns vor
        als ob Wesen um uns wär
        kam uns Sein Lächeln entgegen
        Anwesenheit ergriff uns

Unser Aug hatte gelernt
nichts konnte uns täuschen
durchsichtig wurden die Dinge
auf Ihn hin

und was Er gesagt
es traf ein

Nie mehr
brauchten wir uns
verlassen zu fühlen

ZWEITE NATUR

Neuer Schöpfung
Erstgeborener

Du
zogst uns zu Dir

Wir
kannten nicht anderes
unserer Natur
lebten wir

Nur
weil wir Dich hoch liebten
nur
bei Dir
nahmen wir
          wahr
was wir   sahen
          hörten
          fühlten
und   schmeckten

          andere Wirklichkeit
Du
warst uns ihre Gestalt

und wir
taten uns
in ihrer Verehrung Genüge
blieben
in unserem alten Wesen
scheuten
hielten fest unsre Natürlichkeit

Verlassen
musstest Du uns

Ausgesetzt
im Suchen nach Dir
widersetzten wir uns
dem Heranreifen in uns nicht
länger

Schmolz unsere Schale
auf
sprang unser Kern
fielen wir aus der Natur
unserem ersten Leib
gehörten nun
einer anderen an

weiter
und weiter ent-hüllt
endlich zu
ihr
geworden

legte sie
eine Hülle ab
um die andre

immer eigner
immer mehr Keim

der
aus Umhüllung heraus treten will
zum

Wesen
als das
Du es
erschaffen

NEUES FELD

Ach
das war ein Feld wieder
für uns
Landleute von ehmals

Ein Meer
uns Fischern

das wir befuhren
Dich
auszubreiten

Dich
Samenkorn
in immer neuen Boden zu
senken

Unser Säen
warst Du

unser Feld
die Erde geworden

Nun
war ein Bewegtwerden in allem
war die
Zeit
gekommen

Das
was sich uns widersetzte
war das Bleibenwollen
in alter Zeit verhaftet
wie einst
der zähe
undurchlässige Boden
oder das Meer
das sich auflehnte
unser Netz zurückwarf

Wo Du gegangen
war uns das Feld bereitet

Dass Du gegangen
Dich der Erde gegeben
schloss sie auf
hatte sie vorbereitet

Dich
Saat
zu empfangen

TOD DES TODES

Doch
sie erkannte uns
nicht

hatte die Welt doch
Dich
nicht erkannt

nicht
Licht werden
die Spur Deiner Füße
spürte nicht
die Verwandlung der Erde
sie durchscheinend werden
nach Deinem Erscheinen

Bei geöffneten Augen blind
sah sie nicht
        Licht
        die Saat
        aufgehen
        in vielen Herzen

Wir pflegten das Feld
das Du eingesät

Jedes einzelne Korn
zeugt nun fort

Als sie uns endlich
erkannt
und
ergriffen hatte
vernichten
mit uns
wollte die Welt
das Feuer
das fortzündend begann
um die Erde zu laufen

Uns
konnte sie
nicht
auslöschen
nur
in den Tod schicken

erkannte
Dich
wiederum
nicht

Dich
Tod des Todes
Dich
Leben

Inhalt

Prolog		*S.7*
Dezember	*Tag aus Nacht*	*S.6*
Januar	*Zeugen*	*S.8*
Februar	*Zeit in der Zeit*	*S.10*
März	*Abendmahl*	*S.12*
April	*Mutter Christus*	*S.14*
Mai	*Heimsuchung*	*S.17*
Juni	*Pfingsten*	*S.20*
Juli	*Unbehaust*	*S.22*
August	*Feld und Meer*	*S.25*
September	*Zweite Natur*	*S.28*
Oktober	*Neues Feld*	*S.31*
November	*Tod des Todes*	*S.33*
Register		*S.39*
G. Dreher-Richels	*Dornenkrone.*	*S.40*
Arbeiten von Gisela Dreher-Richels		*S.44*

Als wär uns alles zugesichert
als könnte nicht jeder Blick darauf
der letzte sein

daß wirs verlieren
es verloren geht
ist heute möglicher
als die gestrige Sicherheit

Laß Heute
auch Gestern und Morgen sein
laß alles ankommen
in dir
unverlierbar
gib ihm dein Herz zum Überleben

als war uns das Verlieren
schon sicher

aus: Gisela Dreher-Richels
„Licht durchs Gezweig unserer Schatten"
2. Auflage, Verlag „aktuelle Texte"
88499 Heiligkreuztal

Dieser Text, in dem, wie in einer Matrix, die Gestalt der Dornenkrone eingebettet wurde, spricht, ohne das Wort zu nennen, vom Loslassen, einer der schwersten Lebensaufgaben.

Es gibt Symbole, die uns einen weiten Spielraum belassen, dies Zeichen aber duldet keinerlei Unverbindlichkeit. Das bedeutet für die Darstellende, soll ihre Aussage glaubwürdig werden und für andere nachvollziehbar, eine Konfrontation mit ihrem eigenen Weg: ein erneutes Sich-Einlassen auf Phasen tiefer dunkler Durchgänge, Verluste und Tode, Verwundungen, geglückte und mißlungene menschliche Beziehungen, Abschiede, Versagen, auf alles Unausweichliche. Nur durch Bewußtmachen können wir dafür gültige, ablesbare Formen finden. Im Verlauf dieses Prozesses brechen alte Schmerzen und Krankheiten wieder auf, ruft Ungelöstes nach Lösung. Bis das, was im akuten, überwältigenden Augenblick uns zu schwer erschien, schließlich aber eingeordnet in ein größeres Ganzes ein-sehbar wird, ja notwendig für eine höhere Ordnung, in der Wunden ihren Sinn erhalten.

„In zu Heil gereifter Wunde ..."

Uns nötige Verwandlungen vollziehen sich zumeist durch Verwundungen, deren tieferer Sinn nicht notwendig im Verheilen liegt - sie sollen uns zum Heil werden.

Im Verlauf des 3jährigen Arbeitsprozesses hat das Bild viele Wandlungen durchlaufen. Schließlich bildeten sich um die einzelnen Dornen flammige, strahlende Formen. Diese mir zugefallene Metamorphose hat mich am tiefsten bewegt, deutet sie doch auf Transformation von Wunde zu Heil, Verletzung zu Versöhnung, Stoff zu Geist.
In die Nacht des Sterbens bricht schon das aufgehende österliche Licht.

„... in die Zeit leuchte hell herein ..."

Diesen Prozeß der Verwandlung als Geschehen zu verdeutlichen heißt: Die Durchlässigkeit des Glases noch ins Leuchten, Brillieren zu steigern. Farbiges Glas schied als zu materiell, zu stofflich aus. Es geht ja im Thema um die Erlösung vom Stoff, um das von Schlacken befreite Licht. Der durch den Wechsel des einfallenden Lichts immer lebendige Prozeß soll im Auge und Bewußtsein der Beschauer erlebbar werden.

Kartage 1999   Gisela Dreher-Richels

Arbeiten von Gisela Dreher-Richels

25.12.1924	Geburt in Steinau an der Straße
	Kindheit
1937	Frankfurt/M
	Gymnasium
1946	Kunstakademie Stuttgart
	Erste Fenstergestaltung Frankfurt
1949	Heirat mit dem Kollegen Gerhard Dreher
Bis Ende 1950	Arbeiten an Bildfenstern
	(Antikglas, Dickglas)

Marienkirche Frankfurt-Seckbach
Paul Gerhard Kirche Frankfurt-Niederrad
Lukaskirche Frankfurt
Ev. Kirche Bad Rengsdorf
(Gesamtchorgestaltung)
Salvatorkirche Duisburg-Hochfeld
Peterskirche Weilheim-Teck
(Chorgestaltung)
Ev. Kirche Düsseldorf-Ratingen

Zahlreiche Fenster für private Räume

Wandmalereien:

Kindergarten Weilheim-Teck
Haus Raff Weilheim-Teck
Heilstätte Haslachmühle-Ravensburg

Zeitweises Unterbrechen der künstlerischen Arbeit, Kinder, Familie

1957	Ev. Kirche Mägerkingen
1963/64	Ev. Kirche Dapfen
	(Gesamtgestaltung Chor+Schiff)
1965	Aussegnungshalle Beuren
	(Feierraum+Vorraum)
1966	Eberhardkirche Tübingen
	(ornamentale Gesamtgestaltung Chor und Schiff)
1968	Ev. Kirche Kaisersbach
	(Gesamtgestaltung Chor)
1970/71	Ev. Kirche Albershausen
	(ornamentale Gesamtgestaltung Chor und Schiff)

Beginn eines therapeutischen Malens mit Einzelnen und Gruppen

Entwicklung einer künstl. Therapie
Erste Semester der Vermittlung
Schopfloch, Schul- und Wohnheim „am Vogelloch"
Grundsemester Gerhard Dreher

1970 - Ende 80	Serien von Handzeichnungen (einige davon gezeigt vom Deutschen Künstlerbund 1988, Frankfurt/M)

Beginn des Schreibens Lyrischer Texte
Gruppenarbeit mit eigenen Texten
Mitarbeiterin der „Existentialpsychologischen Begegnungsstätte, Schule für initiatische Therapie" Rütte-Todtmoos in künstlerisch-therapeutischen Disziplinen.

1979	Siechenkapelle Nürtingen, Gesamtgestaltung Chor (aufgenommen in die Schrift der Denkmalspflege)
1981	„Spuren im Sand" Arbeitspapier aus Rütte
1982	„Ulyssas Meerfahrt" Texte zur Individuation Auszug als Arbeitsunterlage für Lesungen und Seminare

Herausgabe durch Verlage:

1983	„Spur im Sand" Texte für unterwegs Verlag am Eschbach
1985	„Ulyssa oder die Suche nach Ithaka" Ein Logbuch, tende Verlag
1989	„Licht durchs Gezweig unserer Schatten" Ein Stundenbuch, Edition L

Rundfunksendungen
Poesietelefon
Autorenlesungen an verschiedenen Orten
Aufnahme in verschiedene Anthologien

Gleichzeitig Arbeit an Bild- u. Bild-Schriftfenstern (Bleiverglasung und Dickglas) für:

1972/74	Jakobuskirche Tübingen (Gesamtgestaltung Chor und Schiff, 14 Fenster)
1975	Martinskirche Moers-Repelen (Gesamtgestaltung Chor und Schiff, 17 Fenster) aufgenommen in " das Münster", 1980, „Glasfenster in Deutschland"
1978	Institut Michaelshof Hepsisau-Weilheim-Teck
1979	Psychiatrie Nürtingen (Fenster in den Fluren)
1980	Aussegnungshalle Ulm-Söflingen (Feierraum und Vorraum)
1981/82	Aussegnungshalle Weilheim-Teck (Schriftfenster)
1984/85	Bonhoeffer-Kirche Tübingen (Gesamtgestaltung des Kirchenraumes)
1988	Seniorenheim Weilheim-Teck (Fenster in der Eingangshalle) Fenster für private Räume
1992	Stephanuskirche Holzmaden (Fensterband)
1993/94	Ev. Kirche Kall-Eifel (Rundfenster, Schrifttafeln)
1996/99	Aussegnungshalle Weilheim-Teck Fensterwand „Dornenkrone"
2000	„Auch heut näher dir als du meinst" Bilder/Inbilder, ATHENA-Verlag 2.Auflage
2001	Aussegnungshalle Weilheim/Teck „Weisse Rose"
2002	Hörbuch-CD zu „Ulyssa" gesprochen von der Autorin
2008	„Wirf dein Herz in den Wind" Gedichtzyklen ATHENA-Verlag
2010	„Verborgener Pilgerpfad" Unterwegs zur Schechina ATHENA-Veriag
2014	„Augenzeugen" Zyklus, Selbstherausgabe
2015	„Augenzeugen" Zyklus, edition lichtblick

Weitere Bücher der edition lichtblick, oldenburg

Pilgern auf dem Olavsweg durch Schweden
von Michael Schildmann
Mit einem Vorwort der dänischen Pilgerpastorin Elisabeth Lidell.
In diesem dritten Buch über seine Pilgerreisen erzählt Michael Schildmann von den menschlichen Begegnungen auf dem St. Olofsleden und seinem Weg durch die schwedischen und norwegischen Wälder.
Paperback, 172 seiten, ISBN 978-3-7322-8953-0

Pilgern auf dem Olavsweg - ein Tagebuch mit 45 Bildern von
Michael Schildmann
Nidaros, das Jerusalem des Nordens, war über Jahrhunderte ein sehr wichtiges Pilgerziel - bis zur Reformation. Michael Schildmann pilgerte bereits auf dem Jakobsweg vom Somport-Pass nach Santiago de Compostela. Hier beschreibt er seine Erlebnisse auf seinem ersten Olavsweg: 650 km in 35 Tagen. Zahlreiche farbige Abbildungen,
Paperback, 204 Seiten, ISBN 978-3-8423-8485-9

Tag für Tag - 45 Tage auf dem Jakobsweg
(Neuauflage 2011) von Michael Schildmann
Ein ‚meditatives' Photobuch, das 70 Fotos enthält und so den Weg des Autors nachzeichnet - vom Somport-Paß über St. Maria de Eunate, Burgos, Leon bis Santiago de Compostela und darüber hinaus nach Muxia am Atlantik. Zahlreiche farbige Abbildungen, Paperback,
Paperback, 118 Seiten, ISBN 978-3-8370-7085-9

„ZART-BITTER"
von Ines Janssen und Michael Schildmann
ZART-BITTER erzählt die Geschichte eines Menschen, der seine eigene Geschichte verloren hatte. Oft zu schmerzhaft, zu kräftezehrend, verloren, um das eigene Überleben zu sichern. Bruchstückhaft kehren diese Geschichten zurück ins Bewusstsein, suchen und finden Ausdruck in kurzen Texten. Fotografien begleiten diesen Weg, spüren diesen Texten nach, erfühlen ihn und gewähren dem Betrachter eine zweite Perspektive.
Paperback, 76 Seiten, ISBN 978-3-8391-2495-6

BIS ZUM HORIZONT
Michael Schildman
Panoramafotografie aus Ostfriesland und dem Rheiderland,
"gefunden" von Michael Schildmann.
Paperback, 28 Seiten ISBN-13: 978-3735791382

Atelierbesuch –
Michael Schildmann begegnet Karl-Ludwig Böke
Der Fotoband zeigt Fotos aus den früher 90ziger Jahren, als der heute in Oldenburg lebende Fotograf Michael Schildmann den Leeraner Künstler Karl-Ludwig Böke in seinem Atelier besuchte und mit der Kamera bei seinem Schaffen begleiten durfte.
Paperback, 44 Seiten, ISBN 978-3-8482-6021-8,

Liebermanns Atelier oder Die Verdoppelung der Bilder
von Nicolaus Bornhorn,
...auf der Terrasse mit Blick auf den Garten und See fand ich jene Perspektive der Birkenallee wieder, die mir schon von Gemälden her bekannt war...
Paperback, 40 Seiten, ISBN 978-3-8482-5418-7

Skizzen zu un-bedeutenden Landschaften -
Esquisses pour des paysages in-signifiants
von Nicolaus Bornhorn
Es ist, genauer betrachtet, der innere Raum, der über das Schicksal des Wahrgenommenen entscheidet. In jenen kostbaren, im Flug ergriffenen Augenblicken, wenn man plötzlich „sieht", wenn die lange Bemühung des Mantra sich zur Vision gewandelt hat, wird der Same des künftigen Textes gesät.
Paperback, 108 seiten, ISBN 978-3-7322-8977-6

die Realität ist ein Schreibfehler: Gedichte
Roland Herzberg (Autor)
Die heitere Gelassenheit der Alleen
Nicolaus Bornhorn (Autor),
Eine persönlich gehaltenes Buch, eine Widmung für einen verstorbenen Freund.
Zwei Freunde begegnen sich zum letzten Mal - zwischen zwei Buchdeckeln. Als Verbindung: das schwarzweiße „roadmovie" einer gemein-samen Reise durch die Provence.
Paperback, 60 Seiten, mit divers. Fotos, ISBN 978-3735782793

glasklare nacht von rudi behnke
kryptische lyrik - die triebfeder seiner kraft ist die erotik. ausdruck und persönlichkeit zeigen sich in seinen erotischen miniaturen, die ihn immer wieder inspirieren auch texte zu schreiben. so entstand eine wunderbare symbiose. es ist liebe zur kunst, zur begreiflich-keit des seins. aber auch das unbegreifliche, die sprachlosigkeit, die ohnmacht in einer fiktiven parallel realen welt im fokus der zeit, leben zu lassen.
Paperback, 88 Seiten, ISBN-10: 3735788599

Otto Blanck - ein Wilhelmshavener Landschaftsmaler und
Ausgrabungszeichner, von R. und M.Schildmann
Der Künstler Otto Blanck wurde am 4. März 1912 im damaligen Rüstringen, jetzt Wilhelmshaven, als Sohn eines Schiffszimmer-manns geboren. Sein weiterer Lebensweg führte ihn, der u.a. als Ausgrabungszeichner der Provinzstelle für Marschen- und Wurtenforschung gearbeitet hatte, heraus aus Wilhelmshaven. Als langjähriges Mitglied des bbk starb Otto Blanck in Oldenburg im Jahre 1982.
Paperback, 72 Seiten, zahlreiche farbige Abbildungen,
ISBN 978-3-8391-2404-8

Das Sonnenschiff
von Claudia Wädlich
Ein atemberaubender Reiseroman über Ägypten um den Anschlag von Luxor,
Die fiktiven Teile zeigen eine Kreuzfahrt auf dem Nil in den Neunzigern dreier
Protagonistinnen. Auf ihrem spannenden Weg durch die Monumente, Metropolen und den Ägyptern von heute.
Paperback, 336 Seiten, ISBN 978-3-7357-9478-9

Dschinns - Böse Geister
von Claudia Wädlich
Rory McKenzie, der Leadsänger und Gitarrist der schottischen band „ The Misfires „ flieht vor seinen Eheproblemen nach Afrika, zum Gilf Kebir. Seiner Expeditionsgruppe gehört die deutsche Malerin Maja Hesterkamp an. Beide werden von al Quaida entführt. Dieser internationale Politthriller mit seiner spanungsgeladenen Handlung hält sich an aktuelle Gegebenheiten.
Paperback, 212 Seiten, ISBN-13: 978-3734743856

© Gisela Dreher-Richels / edition lichtblick
Herstellung und Verlag: Books on Demand, Norderstedt
Zweite Auflage 2015

Alle Rechte vorbehalten, insbesondere das der Übersetzung, des öffentlichen Vortrags sowie der Übertragung durch Rundfunk und Fernsehen, auch einzelner Teile. Kein Teil des Werkes darf in irgendeiner Form (durch Fotografie, Mikrofilm oder andere Verfahren) ohne schriftliche Genehmigung des Verlages reproduziert oder unter Verwendung elektronischer Systeme verarbeitet, vervielfältigt oder verbreitet werden.

Umschlaggestaltung: Gisela Dreher-Richels/Michael Schildmann
Layout: Gisela Dreher-Richels/Michael Schildmann
Die Deutsche Nationalbibliothek verzeichnet diese Publikation in der Deutschen Nationalbibliografie; detaillierte bibliografische Daten sind im Internet über dnb.d-nb.de abrufbar.

ISBN 9783734762987   www.edition-lichtblick.de